Read the rhyme. Put a ✓ on the line next … you find.

Try-n-Spy:

an owl ___

a fat black cat ___

a sled ___

a fan ___

and my dad's old hat  ___

Read the rhyme. Put a ✓ on the line next to each picture you find.

Try-n-Spy:

a lock ___

a green toy car ___

an apple ___

an orange ___

and a five-pointed star ___

Read the rhyme. Put a ✔ on the line next to each picture you find.

Try-n-Spy:

a tulip  ____

a school of small fish  ____

a crown ____

a hot dog 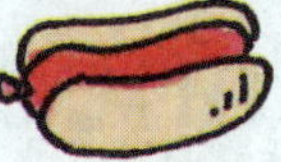 ____

and a round TV dish  ____

Read the rhyme. Put a ✔ on the line next to each picture you find.

Try-n-Spy:

a swan  ____

a boy named Freddy  ____

a tadpole ____

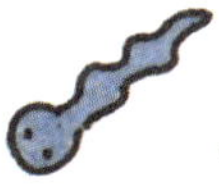

a dancer  ____

and a dish of spaghetti  ____

Read the rhyme. Put a ✔ on the line next to each picture you find.

Try-n-Spy:

a feather ____

a flat xylophone ____

a quail 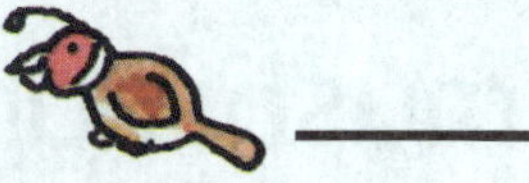 ____

a peanut ____

and a dinosaur bone  ____

Read the rhyme. Put a ✔ on the line next to each picture you find.

Try-n-Spy:

a banana 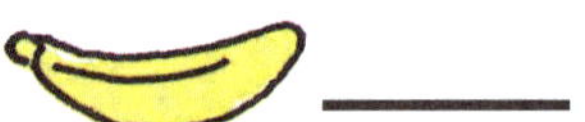 ___

a fancy bow tie 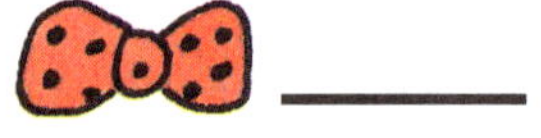 ___

a mushroom  ___

a football  ___

and mom's apple pie 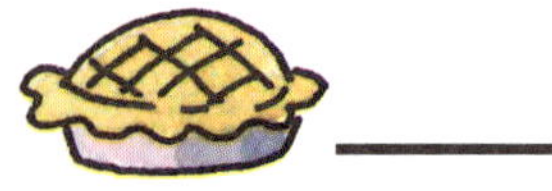 ___

Read the rhyme. Put a ✓ on the line next to each picture you find.

Try-n-Spy:

a drum  ____

my dad's old bike  ____

a rabbit ____

a bird  ____

and a blue and white kite  ____

Read the rhyme. Put a ✓ on the line next to each picture you find.

Try-n-Spy:

a rainbow ____

an apple tree ____

a mask ____

a pony ____

and the number three  ____

Read the rhyme. Put a ✔ on the line next to each picture you find.

Try-n-Spy:

an egg ____

a round blue rug ____

an airplane ____

a map ____

and a spotted red bug ____

Read the rhyme. Put a ✔ on the line next to each picture you find.

Try-n-Spy:

a wolf  ____

a funny clown  ____

a jeep ____

a web ____

and a long lacy gown  ____

Read the rhyme. Put a ✔ on the line next to each picture you find.

Try-n-Spy:

a cupcake ____

a little pink pig ____

a tent ____

a vase ____

and a curly wig ____

Read the rhyme. Put a ✓ on the line next to each picture you find.

Try-n-Spy:

a horse  ____

an old pretty dish ____

a donut  ____

a lamp  ____

and a silvery fish  ____

Read the rhyme. Put a ✔ on the line next to each picture you find.

Try-n-Spy:

a butterfly  ____

a pretty pink shell  ____

a doll  ____

a bat 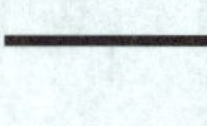 ____

and a clock with a bell  ____

Read the rhyme. Put a ✔ on the line next to each picture you find.

Try-n-Spy:

an umbrella  ____

a jogging man  ____

a mug  ____

a letter  ____

and a delivery van  ____

Read the rhyme. Put a ✔ on the line next to each picture you find.

Try-n-Spy:

an ostrich ____

a friendly blue whale ____

a crayon ____

a coin ____

and a short curly tail ____

Read the rhyme. Put a ✔ on the line next to each picture you find.

Try-n-Spy:

a jump rope ____

a bag full of money ____

a zebra ____

a scarecrow ____

and a jar full of honey ____

Read the rhyme. Put a ✔ on the line next to each picture you find.

Try-n-Spy:

a turtle  ___

a Christmas tree  ___

a quilt  ___

a cup ___

and a buzzing bumblebee  ___

Read the rhyme. Put a ✔ on the line next to each picture you find.

COOKING

Try-n-Spy:

a lady  ____

a honking goose  ____

a phone  ____

a baby ____

and a hungry moose  ____

Read the rhyme. Put a ✔ on the line next to each picture you find.

Try-n-Spy:

a crab 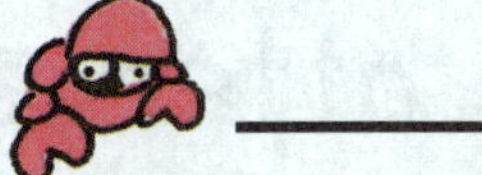 ____

a green garden hose  ____

a boot  ____

a tire 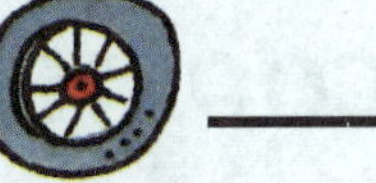 ____

and Rudolph's red nose  ____

Read the rhyme. Put a ✔ on the line next to each picture you find.

Try-n-Spy:

an otter  ___

a long crooked cane ___

a lightbulb ___

a cookie ___

and a tiny toy plane  ___

Read the rhyme. Put a ✔ on the line next to each picture you find.

Try-n-Spy:

a gecko ___

a turtle named Hank ___

a tent ___

an egg ___

and a pink piggy bank  ___

Read the rhyme. Put a ✓ on the line next to each picture you find.

Try-n-Spy:

a fireman  ___

a forgotten letter  ___

a raccoon  ___

a harp  ___

and a fuzzy red sweater  ___

Read the rhyme. Put a ✔ on the line next to each picture you find.

Try-n-Spy:

a turkey  ___

a parrot called Joe  ___

a hook  ___

a ring ___

and a cabin in the snow  ___

Read the rhyme. Put a ✔ on the line next to each picture you find.

Try-n-Spy:

a net  ____

a yellow house  ____

a girl ____

a log  ____

and a tiny mouse 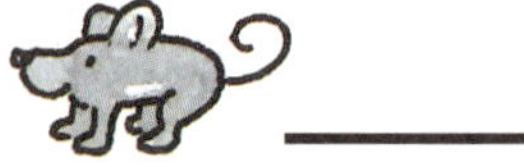 ____

Read the rhyme. Put a ✓ on the line next to each picture you find.

Try-n-Spy:

a starfish ___

an empty box ___

a vest ___

a lizard ___

and a cunning fox ___

Read the rhyme. Put a ✔ on the line next to each picture you find.

Try-n-Spy:

a groundhog  ____

a piece of burnt toast  ____

a stop sign 

____

a raincoat  ____

and my mom's juicy roast  ____

Read the rhyme. Put a ✔ on the line next to each picture you find.

Try-n-Spy:

a doghouse  ____

a bottle of glue 

____

a doll ____

a dove ____

and a girl named Sue  ____

Read the rhyme. Put a ✓ on the line next to each picture you find.

Try-n-Spy:

a robot  ____

a white frisky goat  ____

a yo-yo ____

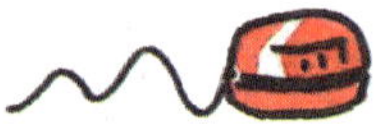

a hen  ____

and my old blue coat  ____

Read the rhyme. Put a ✔ on the line next to each picture you find.

Try-n-Spy:

a frog ___

a hot frying pan ___

a goldfish ___

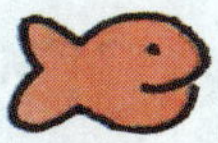

a watch ___

and a gingerbread man  ___

Read the rhyme. Put a ✔ on the line next to each picture you find.

Try-n-Spy:

a camel  ____

a brightly colored guppy ____

a carrot  ____

a spider 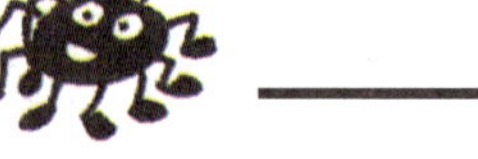 ____

and a playful little puppy  ____

Read the rhyme. Put a ✔ on the line next to each picture you find.

Try-n-Spy:

a sun  ____

a cute little boy  ____

a deer  ____

a bat ____

and a baby's toy  ____

Read the rhyme. Put a ✔ on the line next to each picture you find.

Try-n-Spy:

a jet ____

a pickup truck  ____

a gift ____

a rocket ____

and a yellow bus  ____